1870-1871

LETTRES
DE L'ARMÉE DU RHIN

ET DE CAPTIVITÉ

ET RELATION

DE LA RENTRÉE DES ARCHIVES DE L'ARMÉE DU RHIN

EN FRANCE

AU MOIS D'AVRIL 1871.

GÉNÉRAL DU MARTRAY.

1870-1871

LETTRES
DE L'ARMÉE DU RHIN
ET DE CAPTIVITÉ

ET RELATION

DE LA RENTRÉE DES ARCHIVES DE L'ARMÉE DU RHIN

EN FRANCE

AU MOIS D'AVRIL 1871

PUBLIÉES AVEC UNE PRÉFACE ET DES NOTES EXPLICATIVES

PAR

LE COLONEL DU MARTRAY.

TOURS

MAISON ALFRED MAME ET FILS

IMPRIMEURS

1919

PRÉFACE

Edmond Bonneau du Martray, né au château du Martray¹, le 1ᵉʳ mars 1813, entra à l'École polytechnique en 1833, en sortit dans le corps d'état-major et parvint au grade de général de brigade. Passé le 1ᵉʳ mars 1875 dans la 2ᵉ section du cadre de l'état-major général, il se retira à Versailles, où il mourut le 15 avril 1890.

Au mois de juillet 1870, à l'ouverture des hostilités contre l'Allemagne, il était colonel et chef d'état-major de la 2ᵉ division de l'armée de Paris. Il partagea pendant toute la campagne le sort de cette division, qui, devenue 2ᵉ division du 3ᵉ corps de l'armée du Rhin, se concentra à Metz, prit part à quelques opérations sur la Sarre, sur la Nied et dans la Woëvre, rentra sous Metz et fut comprise dans la capitulation de cette place, le 28 octobre 1870.

Emmené en captivité à Hambourg, le général du Martray en repartit le 14 mars 1871. Arrivé chez lui, à Versailles, dans la nuit du 16 au 17 mars, il alla se présenter, le 18 mars, à Paris, au ministère de la Guerre et à l'état-major du gouvernement militaire de Paris. C'était le jour où éclatait l'insurrection de la Commune.

Ses services immédiats n'ayant pas été acceptés, il revint à Versailles, où le gouvernement et l'armée de Paris, abandonnant la capitale, arrivèrent le lendemain.

Bientôt après, il reçut la mission d'aller chercher à Metz les archives de l'armée du Rhin.

---

[1] *Le Martray*, château et domaine de la commune de Semelay, canton de Luzy, arrondissement de Château-Chinon (Nièvre).

Quelques-unes des lettres que le général du Martray écrivit à sa femme pendant les opérations auxquelles il prit part en Lorraine et pendant sa captivité ont été conservées. Nous les publions aujourd'hui, après en avoir retranché tout ce qui n'avait trait qu'à des questions de famille ou d'intérêt.

On n'y prendra aucun aperçu nouveau sur cette triste époque, mais on y trouvera une nouvelle preuve de l'insuffisance de notre préparation à la guerre et de l'incapacité de notre haut commandement de 1870.

La génération actuelle, témoin des rigueurs des commissions de censure de la presse et des commissions de contrôle postal au cours de la guerre de 1914-1918, s'étonnera à juste titre de la liberté avec laquelle un officier pouvait laisser courir sa plume pendant la guerre de 1870. Mais alors les commissions de censure, les commissions de contrôle postal n'existaient pas. Les officiers et les hommes de troupe écrivaient tout ce qu'ils voulaient à leur famille et à leurs amis. C'était aux destinataires des lettres à être discrets. Les reporters circulaient librement au milieu des troupes, causaient avec les soldats et envoyaient à leurs journaux des articles fantaisistes, qui ne furent pas toujours erronés et sans danger, comme le prouva l'indiscrétion de presse qui apprit à l'état-major allemand la marche de l'armée de Châlons vers le Nord et le détermina au changement de front dont le résultat fut l'écrasement de cette armée à Sedan. Toutefois, pendant le blocus de Metz, la censure de la presse fut établie dans la place. Quant au contrôle postal, il était inutile, puisque les communications avec la France étaient coupées ; on l'organisa seulement d'une façon sommaire pour les billets ouverts qui furent envoyés par quelques ballons libres.

Il ne reste que quatre des lettres écrites par le général du Martray pendant sa captivité en Allemagne. Elles n'ont pas connu la rigueur du contrôle allemand. Cette rigueur s'est cependant manifestée d'une façon impitoyable sur la correspondance des prisonniers de guerre français en 1870-1871, comme en 1914-1918. Mais, à Hambourg, ils vivaient dans une atmosphère de bienveillance exceptionnelle ; ils circulaient à toute heure du jour et de la nuit en ville, sans être soumis à aucune mesure de police vexatoire. Leurs lettres étaient même rarement lues.

Le lieutenant-général de Gerstein-Hohenstein, commandant de la place, agissait envers les officiers français avec un tact et une politesse qu'on ne trouvait nulle part ailleurs. Avec lui, pas de ces appels journaliers humiliants, où des généraux et des colonels, formés en compagnies, avaient à se plier aux fantaisies de jeunes lieutenants ou même de sous-officiers chargés de s'assurer de leur présence. Une fois par semaine seulement, les officiers prisonniers étaient rassemblés dans une salle de café chantant sous le prétexte de leur donner leurs allocations. Une semaine ils recevaient la solde allemande, une autre fois, le supplément donné par la France par l'intermédiaire de l'Angleterre; une troisième fois, l'indemnité de logement; une quatrième fois, la solde des ordonnances autorisés à se nourrir en ville. Le général, debout sur la scène et accompagné seulement de deux officiers, faisait lui-même l'appel et remettait personnellement l'allocation aux officiers prisonniers, qui se rendaient individuellement près de lui, sans être astreints à aucune mesure d'ordre. On ne peut nier que cette manière de faire les appels marquait chez le général un esprit de courtoisie bien rare en Allemagne; aussi, à la conclusion de la paix, le général de Cissey et le général de Place se rendirent-ils chez le lieutenant-général de Gerstein-Hohenstein pour le remercier de ses procédés envers les officiers prisonniers. Ils trouvèrent en lui un homme de sentiment allemand très prononcé, mais très sensible à leur démarche et déplorant le traitement que le ministre de la guerre avait prescrit d'infliger aux officiers prisonniers. Puis, montrant aux deux généraux français des papiers empilés sur un coin de sa table : « Tenez, leur dit-il, voilà toutes les circulaires que j'ai reçues au sujet des prisonniers de guerre et dont je n'ai pas tenu compte. J'ai pu prendre cette licence, parce qu'on me ménage comme Holsteinois annexé et comme apparenté à la famille royale. L'empereur saura ce que j'ai fait. Dès sa rentrée à Berlin, j'irai le féliciter et je lui dirai que, grâce à l'inobservation des ordres du ministre, je n'ai eu qu'à me louer des officiers prisonniers en général[1]. »

---

[1] Prisonnier nous-même à Hambourg, nous avons saisi avec empressement cette occasion de rendre hommage à la courtoisie si exceptionnelle d'un général allemand, probablement le seul dont les officiers prisonniers n'aient pas gardé mauvais souvenir. (*Colonel du Martray.*)

Mais si le lecteur ne trouve qu'un intérêt relatif aux lettres de l'armée du Rhin et de captivité, il jugera sans doute plus favorablement la *Relation de la Rentrée des Archives de l'armée du Rhin en France, au mois d'avril* 1871.

Nous sommes heureux de l'avoir retrouvée, précisément au moment où le retour de Metz à la France lui donne un intérêt d'actualité.

LETTRES
DE L'ARMÉE DU RHIN
ET DE CAPTIVITÉ.

LETTRES
DE L'ARMÉE DU RHIN
ET DE CAPTIVITÉ.

LETTRE I.

Metz, le » juillet 1870.

A Madame du Martray, à Versailles.

Nous sommes arrivés à Metz à 9 heures du matin, le capitaine Graff[1] et moi. Le général de Castagny[2] est parti après nous par un express.

Nous avions un coupé-lit. Pendant la journée, la chaleur était intense. A toutes les stations on distribuait du vin et des vivres aux soldats, même la nuit. On remplissait quarts et bidons dans des tonneaux défoncés. Ces distributions étaient faites le plus souvent par des gens de la classe moyenne, quelquefois par des femmes de tournure distinguée. A Épernay, deux ecclésiastiques se donnaient beaucoup de mal pour servir les soldats. Tout le monde nous saluait, tout le monde criait : « Vive la guerre! » Des femmes pleuraient. Il y a un grand élan.

---

[1] Le capitaine Graff quitta l'armée comme général de brigade. L'état-major de la division comptait deux autres officiers qui furent affectés à d'autres formations et remplacés à la division quelques jours après.
[2] Le général de Castagny, commandant la 2ᵉ division du 3ᵉ corps de l'armée du Rhin, passa au cadre de réserve à la conclusion de la paix.

Voici la composition de l'armée, telle qu'on la donne aujourd'hui :

Armée du Rhin.

1er Corps d'armée. — Maréchal de Mac-Mahon, à Strasbourg.
2e Corps d'armée. — Général Frossard, à Saint-Avold.
3e Corps d'armée. — Maréchal Bazaine, à Metz.
4e Corps d'armée. — Général de Ladmirault, à Thionville.
5e Corps d'armée. — Général de Failly, à Phalsbourg et Bitche.
6e Corps d'armée. — Maréchal Canrobert, au camp de Châlons.
7e Corps d'armée. — Général Douay, à Belfort.
Garde impériale. — Général Bourbaki, à Nancy.

Armée du Midi.

Général Trochu, à Toulouse.

Le 3e corps comprend les quatre divisions d'infanterie Montaudon, de Castagny, Metman et Decaen et la division de cavalerie de Clérambault à sept régiments.

Nous ne sommes pas prêts du tout ; mais les Prussiens ne le sont, dit-on, pas davantage. Ils ne laissent qu'un rideau de cavalerie sur la frontière et se concentrent en arrière.

Nous resterons probablement encore trois jours à Metz.

LETTRE II.

Metz, le 22 juillet 1870.

A Madame du Martray, à Versailles.

Nous avons confiance que nous battrons les Prussiens.

Le gâchis indéfinissable dans lequel nous achevons de nous organiser ne nous émeut pas. Cependant, nous manquons de voitures, d'ustensiles de campement, d'ambulances, etc. On achète des chevaux à force ; le pays en a beaucoup, surtout pour le trait. Nous espérons avoir nos voitures ce soir. Nos chevaux de trait sont achetés. L'État les fournira tous ; je lui ai donc vendu celui que j'avais amené. Il m'a été payé 625 francs, prix maximum fixé par le ministre.

Il y a plus de 40 000 hommes à Metz. Tout y atteint des prix élevés, parce que les transports militaires font obstacle à l'arrivée des denrées attendues par les marchands.

La division Montaudon a été dirigée ce matin sur Boulay, afin de désencombrer la ville et de surveiller la frontière, qui n'est qu'à trois lieues de là.

Notre division est campée, avec la division Metman, dans l'île Chambière, bien étroite pour une telle agglomération.

Nous partirons probablement le 24 juillet pour Briey, afin de nous établir plus au large.

Le travail est écrasant. Le général de Castagny a beaucoup compliqué mon service, en allant se loger au village de Saint-Julien, à deux kilomètres de Metz, et cela m'occasionne une dépense de voitures de 5 francs par jour.

Mon état-major est complété par les arrivées du commandant Ruyneau de Saint-Georges[1] et du capitaine Comtesse[2].

LETTRE III.

Metz, le 23 juillet 1870.

A Madame du Martray, à Versailles.

J'ai tout reçu. Ma voiture à quatre roues me sera livrée tout à l'heure, et je serai prêt à partir.

Nous resterons encore ici demain ; mais nous nous mettrons probablement en route après-demain. Nous irons, non plus à Briey, mais à Pange, bourg situé à environ cinq lieues à l'est de Metz.

---

[1] Le commandant Ruyneau de Saint-Georges quitta l'armée comme général de brigade.
[2] Le capitaine Comtesse mourut prématurément comme chef de bataillon des suites de fièvres contractées au Tonkin.

LETTRE IV.

Metz, le 25 juillet 1870.

A Madame du Martray, à Versailles.

Nous partons ce matin, à 10 heures, pour un point encore indéterminé entre Metz et Boulay. Demain nous coucherons à Boulay ou sur la droite de ce bourg. Nous passerons très probablement la frontière vers Sarrelouis, le 28 ou le 29 juillet.

LETTRE V.

Boulay, le 29 juillet 1870.

A Madame du Martray, à Versailles.

Le *Guide aux bords du Rhin* vient de me parvenir. Ce n'est pas celui que j'avais demandé. Celui que je désire est non le guide Joanne, mais le guide Bædeker. Fais-le-moi parvenir au plus tôt.

Nous avons envoyé hier un régiment occuper Teterchen, Hargarten et Falk.

Nous sommes toujours dépourvus d'ambulance divisionnaire et d'aumônier.

Un vicaire de Boulay, des jésuites et des rédemptoristes ont demandé à être aumôniers ; l'abbé Laine les a refusés. Je crains qu'il ne nous envoie personne ou seulement des canailles, comme au Mexique.

Gaston[1] a rejoint ici le 2ᵉ dragons, qui fait partie de la division de cavalerie du 3ᵉ corps. Je l'ai présenté au général de Clérambault, commandant de la division, et au général Manèque, chef d'état-major du corps d'armée.

P.-S. — Nous recevons l'ordre de partir pour Teterchen.

---

[1] Fils aîné du général du Martray, il sortait de l'École d'état-major comme sous-lieutenant et venait d'être nommé stagiaire au 2ᵉ régiment de dragons. Il **a quitté le service comme colonel.**

LETTRE VI.

Puttelange, le 7 août 1870, à 8 heures du matin.

A Madame du Martray, à Versailles.

Hier, journée terrible. Le 2ᵉ corps d'armée a été attaqué à 10 heures du matin. La lutte a duré jusqu'à 9 heures du soir.

Notre corps d'armée, disséminé sur quatre points très éloignés entre eux et éloignés du 2ᵉ corps, n'a pu le soutenir.

Arrivés la veille, à midi, à Puttelange, nous en sommes partis une première fois pour lui porter secours, marchant au canon avec l'infanterie et l'artillerie sans bagages.

A 4 heures, n'entendant plus le canon, le général de Castagny nous a fait rentrer à Puttelange; mais, à peine y étions-nous arrivés, que le bruit du canon est de nouveau parvenu jusqu'à nous. Repartis sans sacs à 6 heures du soir, nous sommes arrivés, à 9 heures, à sept kilomètres de Forbach, à la fin de la bataille.

Le général Frossard avait été attaqué par des forces énormes, sans cesse renouvelées. Il a perdu beaucoup de monde, mais il en a fait perdre aussi beaucoup à l'ennemi. Nous nous sommes croisés avec les bagages et équipages du 2ᵉ corps et avec beaucoup de fuyards qui semaient l'alarme. Nous avons traversé ce désordre sans broncher et nous avons occupé une position, où nous sommes restés inutilement une partie de la nuit. Ramenés à Puttelange pour y prendre nos tentes et nos bagages, nous partirons à 8 h. 30 pour Marienthal, direction de Saint-Avold.

La direction d'ensemble paraît manquer. C'est pitoyable. Cependant nous restons bien disposés et nous espérons avoir le dernier mot.

Nous avons été accueillis avec des sentiments vraiment fraternels par Mᵐᵉ de Mayerhoffen, femme du percepteur. Si vous la rencontrez jamais, elle ou ses enfants, soyez-lui reconnaissants.

LETTRE VII.

Raville, le 9 août 1870.

A Madame du Martray, à Versailles.

Nous battons en retraite sur Metz et même sur Nancy, dit-on. On n'ose pas attendre les Prussiens, et on use nos troupes en marches forcées.

Nous avons marché depuis le 7 à midi, presque sans nous arrêter et même sans donner aux hommes le temps de manger, jusqu'à 8 heures du soir le lendemain.

Encore n'avons-nous pu atteindre le point qui nous avait été assigné.

On a commis de grandes fautes contre les principes. On a trop éloigné les corps d'armée les uns des autres et les divisions entre elles. Les commandants de corps d'armée, indépendants entre eux et n'obéissant qu'à l'empereur, ne pouvaient se relier les uns aux autres.

Notre organisation étant trop incomplète et nos approvisionnements trop faibles pour aller de l'avant, nous aurions dû nous tenir plus loin de la frontière. Si nous étions restés à Metz, nous ne serions pas obligés d'y retourner aujourd'hui comme des vaincus, sans avoir tiré un coup de fusil. Les populations sont navrées.

Rien ne me paraît cependant perdu si l'on garde du sang-froid et si l'on agit avec courage.

Je vais bien et j'ai moins souffert de la privation de sommeil que je ne l'aurais cru. Cependant nous avons marché toute la nuit du 7 au 8 août, et nous n'avons dormi qu'un peu au bivouac, sans tente, dans la nuit du 8 au 9.

Je reste en bon état moral, malgré les sottises que je vois faire et les fatigues inutiles qu'on impose à nos troupes.

Nous avons comme cavalerie divisionnaire un escadron du 10e chasseurs, mais ce n'est pas celui de Roger de Vaussay[1]. Depuis vingt jours, nous avons changé six fois de cavalerie. Quel désordre !

La division Clérambault a quitté hier Saint-Avold après nous. Je n'ai pas rencontré Gaston.

---

[1] Jeune sous-lieutenant sortant de Saint-Cyr, dont la famille était liée avec celle du général du Martray.

LETTRE VIII.

Metz, le 15 août 1870.

A Madame du Martray, à Versailles.

Hier, comme nous pensions passer tranquillement d'un côté de Metz à l'autre, pour nous diriger sur Verdun, notre division, qui devait fermer la marche, avait déjà replié un de ses régiments, quand, tout à coup, nous avons été attaqués furieusement. Pendant près de deux heures, nous avons supporté presque seuls l'effort de l'ennemi.

Au cours du combat, tandis que je faisais avancer une batterie, qui avait pris position trop loin, mon cheval, effrayé par un obus qui avait labouré la terre jusque sous ses pieds, fit un écart et me renversa sous lui. Mon genou droit et mon coude gauche furent fortement contusionnés. Remonté à cheval, j'eus une courte syncope. Je tombai et je fus porté à l'ambulance.

Après moi, les généraux de Castagny et Duplessis[1] furent blessés. Trois aides-de-camp et officiers d'ordonnance de nos généraux de brigade le furent aussi. Deux chevaux de l'état-major ont été également atteints.

Enfin nous sommes restés maîtres de la position, et notre retraite sur la rive gauche de la Moselle n'a pas été troublée.

Gaston a eu une rude journée; il s'en est bien tiré. Le matin, il avait fait un officier prisonnier dans une reconnaissance. Je viens de le voir un instant.

LETTRE IX.

Au Camp sur Châtel-Saint-Germain, le 17 août 1870.

A Madame du Martray.

Je t'ai écrit, le 15, de Metz, qu'au combat du 14 j'avais eu la jambe droite et le bras gauche fort endommagés. Je vais mieux et je suis la division dans une voiture d'ambulance[2].

---

[1] Le général Duplessis commandait une brigade de la division Castagny. Il devint général de division.
[2] Le service de l'arrière n'existait pour ainsi dire pas. Les évacuations des

Hier, il y a eu, sur la rive gauche de la Moselle, une bataille qui a duré de 9 heures du matin à 8 heures du soir. Nous y avons eu l'avantage, mais il n'a pas été grand. Notre division a été à peine engagée.

Les Prussiens, qu'on n'avait pu déloger de Vionville entre Gravelotte et Mars-la-Tour, paraissent ce matin en retraite pour repasser la Moselle.

Je pense que nous allons marcher au secours de Paris.

Ne restez pas à Versailles, partez pour le Nivernais.

Gaston [1] est attaché, depuis hier, avec d'Aboville [2], à l'état-major du maréchal Le Bœuf [3]. Il t'a écrit, il y a trois jours, une lettre qui n'a pas encore pu partir.

Depuis quinze jours, je n'ai reçu de lettres d'aucun de vous.

LETTRE X.

Metz, le 19 août 1870.

A Madame du Martray, à Versailles.

Hier encore, grande bataille sans résultat immédiat bien apparent. Beaucoup de monde par terre des deux côtés.

J'ai passé ma journée dans ma voiture d'ambulance, qui a suivi peu à peu le mouvement de retraite sous les obus. Le capitaine Comtesse, légèrement blessé, y était à côté de moi.

---

malades et blessés se faisaient au hasard. On gardait volontiers dans les ambulances pendant plusieurs jours ceux qui paraissaient légèrement atteints.

[1] Le sous-lieutenant du Martray avait été appelé à l'état-major du 3e corps, le 16 août, pour remplacer temporairement le capitaine de Mauduit, blessé dans la journée du 14.

[2] Sorti de l'École d'état-major au début de la guerre, le sous-lieutenant d'Aboville avait été placé d'abord, comme stagiaire, dans un régiment de cavalerie de la division Clérambault. Pendant les opérations actives en Lorraine, il avait eu l'occasion de rendre des services appréciables à l'état-major du 3e corps ; aussi le général Mouvêque, chef d'état-major, demanda-t-il à se l'attacher. Il quitta l'armée comme colonel, reprit du service en 1914 et devint général de brigade.

[3] Le maréchal Le Bœuf avait résigné ses fonctions de major-général, le 15 août, pour prendre le commandement du 3e corps, où le maréchal Bazaine, nommé commandant de l'armée de Metz, avait déjà été remplacé une première fois par le général Decaen, mortellement blessé le 14 août.

Elle a été traversée par un éclat d'obus qui ne nous a pas atteints. A 6 heures du soir, nous sommes rentrés dans Metz.

Ma jambe droite est complètement noire du haut en bas, mais déjà un peu désenflée. Je commence à marcher. Mon bras est encore raide, mais je m'en sers mieux. Un des médecins croit à une légère fracture. Les autres sont d'un avis contraire.

J'ai l'espoir de remonter à cheval dans deux ou trois jours. Je retourne donc à ma division, qui est campée sous le Mont-Saint-Quentin.

Nos affaires militaires sont toujours mal menées. Nous sommes timides et nous nous laissons attaquer.

On devrait bien envoyer Mac-Mahon de Châlons, avec ses 120 000 hommes, prendre l'armée prussienne à revers[1].

P.-S. — Je viens de voir Gaston un instant; il est sain et sauf. Il a passé la journée aux côtés du maréchal Le Bœuf, qui s'expose beaucoup.

LETTRE XI.

Metz, le 22 août 1870.

A Madame du Martray, à Versailles.

Je t'ai écrit les 15, 17 et 19 de ce mois; mais sans doute mes lettres, au moins les deux dernières, ne te sont pas parvenues.

Le combat du 16 pouvait nous permettre de nous placer entre Paris et l'armée prussienne; on n'en a pas profité. Au lieu de laisser l'ennemi prendre, le 18, toutes ses dispositions comme il l'a voulu, on aurait pu l'attaquer, pendant sa marche, avec des chances plus favorables.

A la suite de la bataille du 18, je me suis vu dans l'obligation de rester dans Metz pour activer ma guérison. Il me fallait des bains, et ce n'est pas au camp que je pouvais les trouver. Ma jambe désenfle, quoique encore toute noire du

---

[1] L'armée de Metz croyait avoir eu affaire à toute l'armée allemande; elle ignorait encore que l'armée du prince royal de Prusse était à la poursuite de l'armée de Mac-Mahon.

haut en bas. Mon bras gauche fait enfin quelques mouvements, et je puis m'en aider un peu, quoique, au dire des médecins, un de ses os soit atteint.

Je n'ai pas vu Gaston depuis le 19; mais il doit être sain et sauf puisque aucun combat n'a eu lieu depuis.

Dire toutes les fautes commises depuis un mois, et même depuis que le maréchal Bazaine commande en chef, est impossible.

Nous sommes bloqués dans Metz, et les Prussiens couronnent les hauteurs qui nous dominent. Je crains une nouvelle capitulation d'Ulm. Pour combien de temps avons-nous des vivres? Combien de temps resterons-nous dans l'inaction? Je l'ignore.

Les fossés de la ville grouillent de cavalerie, aussi difficile à nourrir qu'inutile. On la tient par masses de quatre régiments, tandis qu'elle ne pourrait agir que par un ou deux escadrons.

On fonde de l'espoir sur Mac-Mahon, qui aurait cent mille hommes, mais on n'a que de vagues renseignements sur son armée. Il peut bien avoir cent mille hommes, mais que valent-ils, quels cadres ont-ils? Les généraux et les colonels sont presque tous ici.

LETTRE XII (¹).

Metz, le 30 octobre 1870.

A Madame du Martray, à Versailles.

Nous allons bien, Gaston et moi.

Prisonniers de guerre, comme toute l'armée de Metz, nous partirons probablement demain pour l'Allemagne par un train qui emmènera les généraux et les officiers d'état-major. Notre destination serait Mayence.

---

¹ Cette lettre fut confiée à un habitant de Thionville, arrivé à Metz dès la capitulation. Mme du Martray n'était plus à Versailles depuis le commencement de septembre. A l'approche des Allemands, elle s'était réfugiée à Saint-Nicolas-de-la-Taille près du Havre, avec sa sœur et leurs plus jeunes enfants. A l'annonce de la capitulation de Metz, elle avait gagné Ostende, dans la pensée de recevoir plus facilement en Belgique des nouvelles de son mari et de son fils.

C'est à Ostende qu'elle reçut cette lettre, envoyée de Versailles par la poste allemande, comme les deux suivantes.

LETTRE XIII.

Magdebourg, le 4 novembre 1870.

A Madame du Martray, à Versailles.

Me voici à Magdebourg avec Gaston. Nous en partirons demain pour Hambourg, notre destination définitive.

Le jour de la capitulation, nous avons été sens dessus dessous, d'abord pour assurer l'exécution des clauses de la capitulation, ensuite pour nous préparer nous-mêmes au départ. Nous étions considérés comme prisonniers sur parole aux termes mêmes du protocole, et nous ne devions être déliés de notre parole qu'en nous présentant à la gare de Metz au jour et à l'heure qui nous seraient fixés. Le lendemain on a affiché, vers 5 heures du soir, que les généraux et les officiers d'état-major partiraient le lendemain matin à 7 heures. Heureusement j'étais à Metz et je me suis trouvé ainsi averti à temps. Gaston était encore au village de Saint-Julien, avec l'état-major du 3e corps. Je n'ai pu l'envoyer prévenir que deux heures avant le départ. Il est arrivé à l'heure, sans cantine, n'ayant trouvé personne pour la lui apporter. Les autres officiers de l'état-major du 3e corps ont été laissés libres de quitter Metz plus tard.

Nous ne sommes partis que tard dans l'après-midi. La nuit tombait à notre arrivée à Nancy. Nous avons stationné longtemps à Lunéville, à Worms et surtout à Mayence, que nous croyions être notre destination. De là nous avons été dirigés sur Cassel, où nous avons été laissés une demi-journée dans des hôtels, pour attendre de nouveaux ordres. Enfin on nous a embarqués à destination de Berlin; mais, à Magdebourg, on nous a fait descendre du train et on nous a dirigés sur la *Commandantur,* où on nous a fait choisir notre résidence définitive et signer l'engagement d'honneur de ne pas tenter de nous évader.

Nous avions le choix entre Schleswig, Altona et Hambourg. Presque tous nous avons choisi cette dernière ville. Nous avons la permission de rester à Magdebourg quarante-huit heures, au bout desquelles nous rejoindrons notre destination.

Étant partis de Metz les premiers, nous avons voyagé avec un confort relatif. J'étais dans un compartiment de seconde dont les vitres étaient cassées. Notre train était composé de voitures de voyageurs ; mais, dans les trains suivants, nos malheureux camarades n'auront eu que des wagons à bestiaux.

J'ai trouvé ici Lucien Gueneau[1], le fils du médecin de Luzy. Il m'a dit que vous aviez reçu de mes nouvelles par les ballons libres partis de Metz et qu'Adrien[2] commandait une batterie à Paris.

La division Castagny a été peu engagée depuis le 14 août, mais Gaston a couru de grands dangers à l'état-major du maréchal Le Bœuf, qui paraissait vouloir se faire tuer, tant il s'exposait. Le général Manèque, les capitaines Gisbert et de Vaudrimey ont été frappés à mort à ses côtés. Quatre ou cinq autres officiers ont été blessés plus ou moins grièvement autour de lui. Henri d'Aboville et Gaston n'ont eu que de légères égratignures produites par des éclats d'obus.

Nous remettons nos lettres ouvertes à l'autorité militaire prussienne. Elle reçoit celles qu'on nous écrit et elle nous les donne ouvertes.

J'ignore où vous êtes. Je vous adresserai mes lettres à Versailles jusqu'à ce que je sache ce que vous êtes devenus.

LETTRE XIV.

Hambourg, le 6 novembre 1870.

A Madame du Martray, à Versailles.

Nous sommes arrivés hier soir à Hambourg. J'ai avec moi Gaston et les trois officiers de mon état-major. Jusqu'à présent il n'y a ici que des officiers. Je désire qu'on n'y envoie jamais de soldats. A Magdebourg, c'était navrant de voir passer des troupes nombreuses de nos malheureux soldats, conduits au tra-

---

[1] Capitaine en second dans un régiment de cavalerie, il avait été pris comme officier d'ordonnance par un général de cavalerie et fut fait prisonnier à Sedan. C'est par lui que nous eûmes les premiers renseignements certains sur la catastrophe de l'armée de Châlons.
[2] Frère du général du Martray. Ancien capitaine d'artillerie, démissionnaire depuis 1843, il avait repris, à soixante ans, son grade de capitaine.

vail comme des galériens entre deux files de gardiens et nous adressant de tristes saluts.

Hambourg est une très grande ville pleine de ressources. Nous cherchons un logement pour y vivre modestement.

Nous n'avons pas besoin d'argent. Nous avons quelque avance, et le Gouvernement prussien nous donnera autant qu'on donne en France aux officiers prisonniers. Nous aurons en tout, Gaston et moi, 343 francs par mois pour notre entretien et celui de nos ordonnances.

La catastrophe de la France était inévitable. Sans récriminer contre personne en particulier, on peut dire que tous nos maux viennent de la présomption, de l'ignorance et de l'imprévoyance poussées à un degré incroyable dans les hauts grades.

L'armée est à refaire de fond en comble.

LETTRE XV.

Hambourg, le 30 décembre 1870.

A Madame du Martray, à Ostende.

Je ne reste jamais plus de deux jours sans t'écrire. Mes lettres sont déposées ouvertes au bureau de la place, où on peut les garder un jour ou deux pour les lire. Peut-être même arrive-t-il qu'on ne les envoie pas du tout. Dans ce cas, il est cependant probable que j'en serais informé. Lucien Gueneau m'a dit qu'à Magdebourg on lisait toutes les lettres des officiers prisonniers sans aucune exception et que, si l'on y trouvait la moindre chose offensante, on les rapportait à leurs auteurs, qui étaient conduits en prison pour trois jours, après lacération de la lettre incriminée en leur présence.

Ici on est beaucoup moins sévère. On lit cependant des lettres; le capitaine Desgrées du Lou[1], que j'ai connu au camp de Châ-

---

[1] Le capitaine Desgrées du Lou, officier de cavalerie, quitta le service immédiatement après la guerre.

lons en 1863, vient d'en avoir la preuve. Sachant que quelques officiers, qui avaient donné leurs adresses à leurs familles, recevaient leurs lettres directement à domicile par la poste, il avait écrit à sa mère de lui envoyer ses lettres à domicile. Aussitôt il a été arrêté et transféré sur la frontière de Russie, où il est enfermé dans un petit fort.

De toutes les lettres que j'ai reçues une seule a été ouverte.

Nous risquons à tout instant l'incarcération, même sans commettre aucun acte répréhensible aux yeux de l'autorité. Chaque fois qu'un officier interné sur parole dans une ville tentera de s'échapper, dix officiers désignés par le sort seront mis en prison. C'est ce qui est déjà arrivé ici. Un lieutenant d'infanterie en a été la cause. Il a été arrêté, déguisé en femme, au moment où il prenait un billet à la gare. C'est le coiffeur qui lui avait vendu la perruque de femme qui l'aurait dénoncé. On n'est pas plus maladroit que cet officier.

On cite de rares officiers qui ont refusé la liberté conditionnelle dans l'intérieur d'une ville et qui, à la faveur de circonstances exceptionnelles, ont pu s'évader des forts ou des prisons où ils étaient enfermés. De ce nombre est Saussier, le colonel du 41e, qui s'était fait enfermer, en manifestant l'intention de s'échapper et qui y a réussi, quoique mis sous clef, sans argent et surveillé comme un prisonnier d'État. Il était dans son droit, et l'on ne peut rendre ses camarades responsables de sa fuite.

L'auteur de la lettre publiée par l'*Indépendance belge* était facile à deviner. Cette lettre est un monument d'ingratitude de la part d'un ancien officier d'ordonnance de Napoléon III, à qui il doit tout. Il est resté jusqu'à la fin un familier de la cour, quoiqu'il ose dire qu'il comprend 93. Il demande du sang pour la capitulation de Metz, comme d'autres qui voudraient faire oublier les faveurs injustifiées dont le maréchal Bazaine les a comblés au Mexique et à Metz. Mais il y aura toujours des gens qui ne comprendront pas la réserve à laquelle ils sont tenus par leur passé.

LETTRE XVI.

Hambourg, le 11 janvier 1871.

A Madame du Martray, à Ostende.

J'ai reçu ta lettre et le *Journal de Bruxelles*. Il est étonnant que je ne reçoive pas le *Gaulois*, car l'autorité militaire locale nous a assurés que nous pouvions recevoir tous les journaux excepté l'*Indépendance belge*.

Je t'envoie une lettre de Duval[1] pour sa fille, dont il n'a pas de nouvelles. Il pense communiquer plus facilement avec elle par la Belgique. D'après ce qu'il m'écrit, on les tient sévèrement à Stettin. Ils répondent tous les jours à l'appel; ils sont tenus d'être rentrés à 9 heures du soir. Non seulement ils ne peuvent sortir de la ville, mais ils ne peuvent même patiner sur les fossés. Nous pouvons nous estimer heureux d'avoir affaire ici au général de Gerstein-Hohenstein. Nous sommes persuadés que c'est à lui seul que nous devons les égards et la liberté dont nous jouissons. Ainsi, ayant demandé pour Gaston et moi l'autorisation d'aller visiter la ferme de notre fournisseur de lait, le général m'a répondu que son autorisation était inutile, que nous pouvions circuler à notre gré dans la banlieue de Hambourg.

Tu as raison de dire que rien dans l'histoire n'est comparable à nos maux, sauf la captivité de Babylone et la destruction de Jérusalem. Que d'incuries et d'incapacité dans la préparation et la conduite de la guerre. Le Bœuf s'imaginait que nous étions prêts. Bazaine, s'il avait eu la connaissance de la grande guerre et plus de décision, aurait eu quelque chance de rétablir nos affaires dans les batailles des 14, 16, 18 et 31 août. Peut-être aurait-il pu obtenir une victoire jusqu'au 20 septembre; mais chez lui l'improvisation ne suppléait pas à la science.

Quand reprendrons-nous notre rang dans le monde? Ce que tu me dis de notre pauvre pays est bien triste. Mais aussi pourquoi cette longanimité envers des hommes qui, sans mandat, se sont emparés du pouvoir et se montrent incapables de maintenir l'ordre et d'administrer.

---

[1] Le colonel Duval appartenait à l'arme du génie. Il quitta le service comme général de brigade. Sa fille avait épousé M. Fliche, ingénieur des constructions navales, parent du général du Martray.

RELATION

DE LA RENTRÉE DES ARCHIVES DE L'ARMÉE DU RHIN

EN FRANCE

AU MOIS D'AVRIL 1871.

RELATION

DE LA RENTRÉE DES ARCHIVES DE L'ARMÉE DU RHIN

EN FRANCE

AU MOIS D'AVRIL 1871.

Rentré de captivité, le 16 mars au soir, à Versailles, après m'être légèrement cassé le bras gauche, le matin même, en descendant de wagon à Saint-Quentin, je n'avais pu, à cause de cet accident, prendre du service dans la guerre contre la Commune[1] et j'étais en disponibilité à Versailles[2].

Le 1ᵉʳ avril, le général Hartung, directeur du personnel[3] au ministère de la Guerre, me fit appeler et me demanda si, malgré la fracture de mon bras tenu en écharpe, je pouvais aller chercher à Metz les archives de l'armée du Rhin, qui y avaient été réunies dans le collège des Jésuites, au moment de la capitulation. Je répondis affirmativement et demandai la journée du lendemain pour me préparer et surtout pour me renseigner sur l'itinéraire à suivre, toutes les gares se trouvant encore entre les mains des Allemands et les communications étant fort irrégulières, quand elles n'étaient pas interrompues.

Je partis de Versailles en voiture, le 3 avril, à midi, pour

---

[1] L'accident parut d'abord insignifiant et ne pas nécessiter l'intervention d'un médecin. Ce ne fut qu'au bout de quelques jours qu'une légère enflure inspira des inquiétudes. Le médecin, tardivement appelé, diagnostiqua une fêlure de l'humérus et jugea suffisant de maintenir le bras en écharpe. La guérison fut prompte.

[2] Les officiers du corps spécial d'état-major étaient mis en disponibilité, comme les officiers généraux, lorsqu'ils étaient temporairement sans emploi.

[3] Emploi supprimé. Ses attributions ont passé aux directions d'arme.

aller prendre le chemin de fer à Poissy ; car les têtes de ligne, à Paris, étaient au pouvoir des insurgés. C'était le jour de la grande sortie tentée par Flourens pour s'emparer du Mont-Valérien et marcher sur Versailles.

J'étais accompagné de M. Henri Fresne[1], en qui j'avais grande confiance et qui s'était offert avec empressement pour me seconder et suppléer à l'inactivité de mon bras cassé. Nous longeâmes, presque jusqu'à Saint-Germain, la ligne des troupes chargées de repousser les Parisiens, et, autant qu'il était possible d'en juger de loin, les circonstances paraissaient favorables à ceux-ci.

J'avais en poche l'ordre ministériel de me rendre à Metz. D'autre part, une lettre avait été adressée à l'autorité militaire prussienne dans cette ville, pour lui indiquer le but de ma mission, avec prière de me permettre de la remplir.

On n'exigeait aucun papier des voyageurs. Les routes étaient encombrées de gens quittant Paris, et on ne distribuait dans chaque gare de billets que pour la gare la plus rapprochée. Les trains marchaient irrégulièrement et il fallait faire de longues haltes à toutes les stations.

Nous dînâmes à Creil et arrivâmes, le 4, à Tergnier, à 4 heures du matin. Nous sortîmes de cette ville à 8 heures et passâmes par Reims, Mohon, Mézières et Thionville. A 11 heures du soir, nous étions à Metz, où nous allions loger à l'hôtel de la Ville-de-Lyon, tenu par M. et Mme Hennequin, sur le patriotisme et le dévouement desquels je pouvais compter.

Le 5, dès le matin, je me présentai chez M. Maujan, sous-intendant militaire, resté à Metz, lors de la capitulation, pour administrer nos hôpitaux et faire évacuer nos malades et blessés convalescents. Je lui demandai son avis sur la façon dont je pourrais remplir ma mission. Il me répondit que le gouverneur de la place savait que les archives de l'armée du Rhin étaient cachées dans Metz ; qu'il les avait fait

---

[1] M. Henri Fresne, alors à ses débuts dans l'industrie, était capitaine dans la garde nationale de la Seine. Poursuivi par la Commune de Paris pour avoir refusé de la servir, il avait trouvé refuge à Versailles, chez le général du Martray, qui le connaissait de longue date. Né dans une modeste condition de fortune, il dut à son travail et à sa renommée de probité de parvenir à la direction d'une importante société industrielle de Paris. Il mourut dans un âge avancé, sans avoir usé de sa situation dans le monde des affaires pour parvenir à la richesse. Une honorable médiocrité suffit à son ambition.

chercher, mais inutilement ; que, s'il apprenait ma venue, il me questionnerait sur ma mission et que, s'il parvenait ainsi à savoir où se trouvaient les archives, il mettrait la main dessus et déclarerait ne pouvoir me les laisser emporter qu'après en avoir référé à son gouvernement ; qu'un temps assez long s'écoulerait sans qu'on reçût de réponse ; qu'on m'annoncerait ensuite qu'un dépouillement allait être fait et que, finalement, on me remettrait les pièces jugées sans intérêt au point de vue allemand. M. Maujan était d'autant mieux fondé à me parler ainsi qu'il avait demandé à prendre dans les archives de l'intendance de l'ancienne 5e division militaire de simples imprimés pour les évacuations de malades et de convalescents ; qu'on n'avait pas voulu l'y autoriser sans en référer à Berlin et que, depuis des mois, l'autorisation ne lui avait pas encore été accordée.

Je sortis en réfléchissant au parti à prendre ; puis, considérant qu'il m'avait fallu plus de deux jours pour venir de Versailles à Metz ; que le service de la poste ne paraissait pas s'exécuter régulièrement ; que la lettre annonçant ma mission au gouverneur ne pouvait encore être arrivée, je résolus d'enlever les archives clandestinement et de reprendre la route de Versailles sans perdre une minute. Je supposais qu'elles étaient peu volumineuses et qu'on en avait détruit tout ce qui n'était pas très important.

Je me rendis donc aussitôt au collège des Jésuites, dont je connaissais le R. P. recteur. Il me fit conduire à la chambre où étaient déposées les archives. C'était une petite pièce sans apparence, située au fond d'une cour basse. Seule de toute la maison, elle n'avait pas été visitée lors de deux perquisitions faites, l'une pour découvrir des armes qu'on avait dites cachées par les Jésuites pour faire révolter les habitants, l'autre pour pourvoir au logement et à la nourriture d'un régiment arrivant dans la place. Des gens malintentionnés avaient signalé l'établissement comme possédant des ressources immenses.

Rien n'avait été dérangé dans la pièce, et ma stupéfaction fut grande lorsque, au lieu de quelques liasses et de quelques registres, j'aperçus un monceau de seize cantines, toutes remplies et portant, en grosses lettres peintes en blanc, les indications précises de leur contenu ; c'est-à-dire, d'abord : *Armée du Rhin*, puis, sur les unes : *Correspondance générale*, sur d'autres : *Justice militaire*, etc. Il était d'autant moins possible de présenter cette masse de cantines à la gare du chemin de fer, qu'il était défendu de voyager avec colis sans être muni d'une permission spéciale de l'autorité militaire.

Je rentrai à l'hôtel et je priai M. Hennequin de s'efforcer de me trouver une charrette de louage, avec un conducteur sûr, pour transporter les cantines à Pont-à-Mousson, où j'espérais pouvoir les mettre au chemin de fer, cette ville étant restée à la France. Avec beaucoup de peine, toutes les voitures étant employées à approvisionner la ville en vins et en marchandises avant l'établissement de la ligne de douanes, M. Hennequin trouva une charrette attelée d'un seul petit mulet.

Ignorant le poids total des cantines que je supposais ne pas excéder 500 kilogrammes (je sus plus tard qu'il était de plus de 1000 kilogrammes), j'allai dans la petite cour des Jésuites faire procéder au chargement de la charrette. Les seize cantines y furent empilées tant bien que mal et recouvertes de paille, de manière à faire croire que la charrette ne contenait pas autre chose. Le mulet ne se mit en marche qu'avec beaucoup de peine ; il parvint cependant jusqu'à la place de Chambre ; mais, la rue devenant alors très montueuse, il refusa d'avancer.

Alors sortirent d'un corps de garde un agent de police et quelques soldats allemands, qui, tirant l'animal obliquement et poussant la voiture, avaient l'air de vouloir la conduire au corps de garde. Je crus ma ruse découverte ; et j'y étais d'autant mieux fondé, que j'avais appris la présence de deux commissaires de police à l'hôtel de la Ville-de-Lyon. Je m'imaginais qu'ils avaient facilement connu l'arrivée d'un colonel français à Metz, qu'ils m'avaient fait suivre et qu'ils avaient découvert l'objet de ma mission.

Ma crainte ne dura pas. L'agent de police et les soldats voulaient seulement aider le malheureux mulet à franchir la montée. Dès qu'il fut en haut, ils le laissèrent aller. Ainsi des soldats allemands m'aidèrent inconsciemment à reprendre les archives de l'armée du Rhin.

Après avoir suivi la charrette jusqu'aux portes, qu'elle passa sans encombres, je revins en ville, j'y louai un coupé et je pris, à mon tour, la route de Pont-à-Mousson.

Précédant la charrette, j'allai reconnaître la gare. Elle était occupée par les Allemands, qui seuls en avaient la police et la direction. En conséquence, j'allai au-devant de la charrette, qui ne parut heureusement qu'à la nuit close. Je l'arrêtai en dehors de la ville et je cherchai une autre voiture avec laquelle je gagnerais Toul, le mulet ne pouvant plus marcher. Après cinq heures de recherches et mille peines, offrant tout ce que l'on voudrait pour une charrette et un cheval qui emmèneraient la nuit même des colis jusqu'à Toul, passant probablement pour un voleur, puisque je me présentais de nuit, sans pouvoir dire la nature de mon chargement, laissant libre sans marchander la fixation du prix du transport, je finis par trouver un cultivateur qui, pour quatre fois le prix ordinaire, voulut bien me tirer d'embarras en me fournissant un char attelé de deux chevaux.

Nous partîmes de Pont-à-Mousson à minuit. Les soldats allemands étaient rentrés dans leurs logements à 7 heures et demie. On ne risquait pas d'en rencontrer jusqu'au réveil. Nous étions, M. Fresne et moi, perchés sur les cantines, et c'est ainsi que nous arrivâmes devant Toul, vers 6 heures du matin. Je fis alors arrêter le char et je me rendis à pied à la gare, dont le chef était heureusement français; mais elle était gardée par un poste allemand.

Je me confiai au chef de gare, qui me dit : « Faites venir votre voiture. Ne restez pas là pendant que je la ferai décharger, afin de ne pas attirer l'attention des Allemands par votre présence et par votre air. J'enfermerai vos cantines dans un wagon qui sera pour vous seul et ira avec vous jusqu'à Paris. Je puis vous donner un billet jusque-là. »

C'était le 6 avril. On ignorait ce qui se passait dans la capitale. Personne ne savait même au juste le résultat de la journée du 3. Nous partîmes de Toul à 1 heure de l'après-midi et nous arrivâmes à Lagny, le 7, à 3 heures du matin. Là j'appris que rien n'était changé dans la situation de Paris, dont le siège continuait. Il fallut donc nous arrêter et chercher une voiture pour gagner Versailles. Ce ne fut qu'à 7 heures que nous parvînmes à en trouver une dans une ferme écartée, moyennant le prix énorme de 150 francs. Elle fut chargée sans difficulté sous les yeux de la garde allemande qui occupait la gare. A 8 heures du matin, montant sur les cantines recouvertes de paille, nous prîmes la route de Versailles.

J'avais d'abord compté passer par Choisy-le-Roi; mais je fus heureusement informé que les insurgés occupaient cette localité et je me dirigeai sur Villeneuve-Saint-Georges.

A la Queue-en-Brie, où je faisais faire halte pour déjeuner, j'appris que le pont de Villeneuve-Saint-Georges était coupé et que nous ne pourrions passer la Seine qu'à Corbeil. Changeant encore une fois d'itinéraire, j'arrivai dans cette ville à 8 heures du soir. Les Allemands en occupaient encore les quartiers de la rive droite de la Seine, mais la rive gauche était libre. J'y passai la nuit et je cherchai une nouvelle voiture pour gagner Versailles le lendemain. Mes recherches furent vaines. Heureusement le conducteur que j'avais pris à Lagny consentit à pousser jusqu'à Versailles, moyennant un supplément de 50 francs. Enfin, le 8 avril, à 11 heures du matin, nous arrivions dans cette dernière ville.

En six jours nous avions dormi cinq heures à Metz et huit heures à Corbeil. Le voyage avait coûté 800 francs. Tout s'était passé heureusement[1].

Quelques jours après, je fus désigné par le ministre de la Guerre pour dépouiller et classer les archives de l'armée

---

[1] L'idée d'envoyer un officier français prendre à Metz les archives de l'armée du Rhin et la naïveté de l'accréditer auprès de l'autorité militaire allemande pour lui faciliter l'éxécution de sa mission partaient d'une interprétation erronée d'un article de la capitulation de Metz, aux termes duquel les archives ne concernant pas les territoires que garderait l'Allemagne lors de la signature du traité de paix, seraient rendues à la France.
Or, tout bien pesé, cette disposition ne pouvait s'appliquer aux archives de l'armée, attendu qu'elles étaient butin de guerre, comme tout ce qui appartenait à l'armée; elle ne visait que les archives civiles.
En enlevant les archives clandestinement, le général du Martray prenait le seul moyen de les faire rentrer en possession de la France, comme le voulait le Gouvernement. C'était une opération aventureuse. S'il y échouait, le cas était grave. Sans mandat d'agir ainsi, il serait évidemment désavoué par le Gouvernement français et irait probablement expier dans les geôles de l'Allemagne sa tentative avortée. S'il réussissait, il risquerait encore d'être désavoué et peut-être extradé, sur une réclamation possible du Gouvernement allemand; car la France subissait alors toutes les exigences du vainqueur.
Pourquoi l'Allemagne ne porta-t-elle aucune plainte? On peut supposer que le gouverneur de Metz, renseigné par l'avis tardif du ministère de la Guerre français, fit rechercher le colonel français en mission et que, se voyant joué et craignant d'encourir un blâme, il garda le silence sur l'événement.
En arrivant à Versailles, le général de Martray se rendit au ministère de la Guerre et fit le récit de sa mission au général Hartung, qui se contenta de lui dire : « Dressez l'état de vos dépenses ; elles vous seront payées par le caissier du ministère de la Guerre. » Nul mot de blâme ou d'éloge ne lui fit jamais connaître comment l'initiative qu'il avait prise et les risques auxquels il s'était volontairement exposé avaient été appréciés.
En haut lieu, on redouta sans doute les conséquences de l'étourderie avec laquelle on avait agi et on préféra ne pas ébruiter la rentrée heureuse des archives de l'armée du Rhin, en donnant un témoignage de reconnaissance à l'officier qui avait pris une initiative si hardie.

— 25 —

du Rhin. Le capitaine Allaire[1] et le lieutenant d'Aboville me furent adjoints pour ce travail. Dès le premier jour, j'y trouvai un manuscrit qui ne portait aucune indication sur son objet, mais où je reconnus aisément une sorte de procès-verbal de négociations suivies, en 1870, à Vienne, peu de temps avant la guerre, entre l'archiduc Albert d'Autriche et un aide de camp de l'empereur Napoléon, sans aucun doute le général Lebrun, pour unir dans une alliance l'Autriche-Hongrie, l'Italie et la France.

Ce manuscrit, laissé dans les archives de l'armée du Rhin, au moment où le général Lebrun, qui en était sous-chef d'état-major général l'avait quittée pour suivre l'empereur Napoléon, n'appartenait pas à ces archives et pouvait, jusqu'à un certain point, être considéré comme propriété personnelle de son auteur. Mais, d'un autre côté, c'était une pièce historique importante, qui pouvait compromettre gravement l'Autriche-Hongrie vis-à-vis de l'Allemagne. Il ne m'appartenait pas, à moi subordonné du ministère de la Guerre, de décider ce qu'il fallait faire du manuscrit; je le portai donc à mon chef immédiat, le général de Valazé, sous-secrétaire d'État de la Guerre. Il en garda copie et le remit à M. Thiers.

J'en avais aussi conservé copie, dans la crainte qu'il ne fût détruit par des hommes politiques intéressés à la suppression d'un document qui disculpait en quelque sorte l'empereur Napoléon d'avoir déclaré la guerre à la Prusse sans s'être assuré des alliances. Sans doute le général de Valazé avait eu la même pensée en en retenant aussi copie[2].

---

[1] Le capitaine Allaire se retira du service comme colonel.
[2] La crainte de destruction du manuscrit n'était pas sans fondement. Elle ne se réalisa pas complètement; cependant l'original du manuscrit disparut et ne fut retrouvé qu'au bout de quatre ans.
Dès l'année 1871, le général Lebrun avait demandé qu'il lui fût rendu, mais le général de Valazé ne lui en remit que la copie et lui refusa l'original, en lui déclarant que M. Thiers lui-même ne l'obtiendrait pas. (*Souvenirs militaires, 1866-1870*, par le général Lebrun.)
Cependant le général de Valazé dut bientôt le remettre au chef du pouvoir exécutif, comme le rapporte le général du Martray, qui en reçut encore la confirmation en 1875.
A cette époque, un changement s'était produit dans le Gouvernement : le maréchal de Mac-Mahon avait remplacé M. Thiers à la présidence de la République. Cela ranima sans doute chez le général Lebrun l'espoir de rentrer en possession de l'original du manuscrit.
Le général du Martray, sur l'invitation du général de Cissey, alors ministre

de la Guerre, donna par écrit des précisions sur ce qui s'était passé en 1871, et obtint du général de Cissey une audience pour lui remettre en mains propres sa copie du manuscrit.

L'audience eut lieu à la fin du mois de mai 1875. Le ministre remercia le général du Martray et lui apprit qu'heureusement l'original n'avait pas été détruit, mais qu'il se trouvait entre les mains de M. Thiers, au témoignage du général de Valazé lui-même. Il termina l'entretien en disant : « Je me rends à l'instant chez M. Thiers pour me faire restituer les documents qu'il a emportés en quittant le pouvoir. »

Ce n'était donc pas un seul document que le ministre voulait se faire restituer; il y en avait au moins un autre. Ce ne pouvait être qu'une lettre du colonel de Bouillé, attaché militaire à Vienne, datée de juillet 1870 et relevant les indices d'une mobilisation partielle de l'armée autrichienne. Cette lettre avait été remise au général de Valazé avec le manuscrit original du général Lebrun.

Ainsi fut clos l'incident.

Le général du Martray n'avait toutefois pas cédé sa copie sans en avoir pris un double, devenu bientôt après sans intérêt par la publication des *Souvenirs militaires* du général Lebrun, dont le chapitre IX reproduit intégralement le manuscrit trouvé dans les archives de l'armée du Rhin.

TABLE DES MATIÈRES

Préface.   i

LETTRES DE L'ARMÉE DU RHIN ET DE CAPTIVITÉ

Lettre	I. — Metz, le » juillet 1870	1
—	II. — Metz, le 22 juillet 1870.	2
—	III. — Metz, le 23 juillet 1870.	3
—	IV. — Metz, le 25 juillet 1870.	4
—	V. — Boulay, le 29 juillet 1870	4
—	VI. — Puttelange, le 7 août 1870	5
—	VII. — Raville, le 9 août 1870.	6
—	VIII. — Metz, le 15 août 1870	7
—	IX. — Au Camp sur Châtel-Saint-Germain	7
—	X. — Metz, le 19 août 1870	8
—	XI. — Metz, le 22 août 1870	9
—	XII. — Metz, le 30 octobre 1870.	10
—	XIII. — Magdebourg, le 4 novembre 1870.	11
—	XIV. — Hambourg, le 6 novembre 1870.	12
—	XV. — Hambourg, le 30 décembre 1870	13
—	XVI. — Hambourg, le 11 janvier 1871	15

RELATION DE LA RENTRÉE DES ARCHIVES DE L'ARMÉE DU RHIN EN FRANCE AU MOIS D'AVRIL 1871 17

38305. — TOURS, IMPRIMERIE MAME

www.ingramcontent.com/pod-product-compliance
Lightning Source LLC
Chambersburg PA
CBHW060957050426
42453CB00009B/1205